AF130113

Krank mit Humor

Bibliografische Information der Deutschen
Nationalbibliothek:
Die Deutsche Nationalbibliothek verzeichnet diese
Publikation in der Deutschen Nationalbibliografie;
detaillierte bibliografische Daten sind im Internet über
www. dnb.de abrufbar.

© Heinz C. Pütz
Herstellung und Verlag:
BoD-Books on Demand, Norderstedt
ISBN: 978-3-7386-3634-5

INHALT

Vorwörtchen

Humor kann bei einer Krankheit die Stimmung aufhellen und eine Heilung unterstützen.

Dieses kleine Buch möchte hierzu beitragen. Die meisten Texte behandeln das Thema Krankheit in lockerer Form und betrachten alles aus einer originellen Perspektive.

Ich wünsche allen Lesern viel Spaß bei der Lektüre

Heinz Cornelius Pütz

HUMOR

ALS

HEILMITTEL

Machen Sie Humor zu Ihrem Begleiter

Bei den vielen Arzneien, die Kranken verordnet werden, fehlt leider Humor als wichtiges Mittel zur Gesundung.
Hierbei ist dieses kostenfrei und erfordert nur die richtige Einstellung. Leider kann allerdings dieses Heilmittel nicht vom Arzt mit einem Rezept verschrieben werden..

Humor ist nicht einfach mit Witzen zu verwechseln, obwohl gute Witze natürlich auch dazu gehören können.

Echter Humor ist tiefgreifender und bedeutet vor allem eine positive Lebenseinstellung sowie eine weitsichtige, übergeordnete Einschätzung von Situationen.

Die Alltagsbewältigung kann hierdurch deutlich erleichtert werden. Auch im Krankheitsfall kann eine lockere Haltung und etwas Abstand zum eigenen aktuellen Krankheitsbild sehr viel bewirken. Natürlich kann man als Betroffener nicht alle Beschwerden vergessen lassen. Tatsache ist aber auch, dass man selten zwei Dinge gleichzeitig im Sinn haben kann. Wenn man mithin die

„Humorkarte" zieht, ist für anderes - zumindest zeitweise - wenig Raum. Humor und Lachen schreibt man folgende Wirkungen zu:

- Schmerzstillende Reaktionen . u.a. durch Ablenkung

- Förderung der Kreativität und Reduzierung von Angst und Stress
- Senkung von Stresshormonen über die körpereigenen „Glückshormone „sowie Stärkung des Immunsystems
- Entspannung der Muskulatur und des vegetativen Nervensystems
- Kräftigung des Herzmuskels

- Mögliche Senkung des erhöhten Blutdruck

Viele Ereignisse - auch bei einer Krankheit und sogar in der Klinik - kann man aus einem gelockerten Blickwinkel betrachten und damit die eigene Stimmung verbessern.

Ein simples Beispiel: Stellen Sie sich vor, Sie würden ihre Mitmenschen beim Arzt, beim Einkauf oder in der Bahn alle mit Pappnasen sehen. Mit Sicherheit fühlten Sie sich gelockerter und entspannter.

Förderlich ist vor allem, dass man bewußt auf eine positive und humorvolle Sicht von Ereignissen hinarbeitet, die sich nur selten von alleine entwickelt.

Ein Tipp zum Schluss: Vermeiden Sie möglichst, den Kontakt mit „trüben Tassen" und Miesmachern. Denn leider gibt es davon nur allzu viele.

HUMOR

IST,

WENN

MAN.........

als Kranker

...lächelt, wenn der Arzt eine ernste Miene aufsetzt

...wenn man gesund ist und der Arzt trotzdem ein Rezept ausstellt

... dreimal ohne Erfolg bei der Blutabnahme gestochen wird und die nette Arzthelferin freundlich lächelt

...der Arzt sagt, dass man zwar gesund sei, aber dennoch eine Rechnung bekommt

... der kranke Meniskus im rechten Knie sitzt und das linke operiert wird

...man Bauchschmerzen hat und das beste Lieblingsgericht auf dem Tisch steht

... man keine Lust zum Arbeiten hat und dem Arbeitgeber keine Krankheit vortäuschen kann

..man beim Erzählen eines Witzes Schluckauf bekommt

..man Vater wird, es aber nicht gewesen ist

... man krank ist, aber keinem etwas vorjammern kann

...man beim Lesen eines
Beipackzettels ohnmächtig
wird

...Herzschmerzen hat, aber
nicht verliebt ist

...einem ein Kater quält,
aber man nichts getrunken
hat

REIMLICHES

KRANK FÜHLEN

UND KRANK SEIN

VIEL WAHRES

AUS DER PRAXIS

KRANK IST EINE KRANKHEIT

Diät

Für eine Diät
ist es nie zu spät
Das schreiben die meisten
Blätter
und fühlen sich als
Fitnessretter
Ab sofort alles in kleinen
Mengen
und den Fressnapf höher
hängen
Meist ist alles für die Katz
denn der Korpus hat für
vieles Platz

Fast immer gehen die Pfunde
wieder rauf
da freut sich die Waage
schon lange drauf

Die Pille

Den Arzt oder Apotheker soll
man fragen
ob die Pillen nicht etwa
versagen
und sich auch mit anderen
vertragen
Öfter wird man eine Antwort
vertagen
denn genaues kann man
meist nicht sagen
gern tut man aber kund
„Pillen sind meist rund"

Schall im Bauch

In meines Bauches Stall
schaut frech der Ultraschall
Man will meine Organe
erforschen -
die guten sowie die
morschen
und diese cool nach
Flecken
abchecken
Vielleicht sind auch Würmer
zu sehen,
die ihre Runden drehen
Nach dem Check wird man
mir hoffentlich die Info
stecken:
Ich brauch erst im nächsten
Jahr wieder einzuchecken

Up and down

Hin und wieder ist man auf
sieben Wolken
wie eine Kuh, die frisch
gemolken
Manchmal ist man aber
auch total entgleist
Leider ist die Natur nun mal
so feist und dreist

Chemiekonzern

Glukose, Haemoglobin oder
Basophile
An Laborwerten gibt es ach
so viele
Mancher sagt es nicht so
gern
Der Körper ist ein
Chemiekonzern

Krankschreibung

Volker hat angeblich Rücken
Ein Arbeitstag würde ihn
erdrücken
Das würde ihn bedrücken
Wie sollte er sich denn
bücken?
Der Doc - das ist kein
Schwank
schrieb ihn sofort krank
Nun kann er chillen
Ganz nach seinem Willen

Im Bett

Schulter, Kopf oder Rücken
können die Laune kräftig
drücken
genervt greift man zu
Tabletten

als wenn die immer Wirkung
hätten
Oft reicht es zu erkennen:
Hilfreich ist im Bett zu
pennen

High

Tausend Wehwechen wollen
dich bekriegen
einige länger oder kurz als

Eintagsfliegen
wenn aber aus allen Rohren
Im Bauch die Schmetterlinge
rumoren - dann - ohwei -
bist du high

Sauna

Oft sah man Hubert in der
Sauna sitzen
Und das Wasser aus den
Rippen spritzen
Dann kam ein Knall
und ein Wasserfall
Man soll es eben auch nicht
überspitzen

Saufgenie

Karl-Otto konnte das
Saufen nicht lassen
Die Mengen waren kaum zu
fassen
Wein, Schampus oder Bier
Alles trank er mit großer Gier
Allmählich sah man seinen
Stern verblassen

denn dann hatte der Lose
- Leberzirrhose -

Blutzapfen

Blutabnehmen kann nicht
Jeder
Das fühlt man am eigenen
Leder
Manche stochern wild
herum,
haben Pech und schauen
dumm herum
Andere machen einen
raschen Stich
und die Ampullen füllen sich

Pferdegebiss

Aids, Filzlaus und Syphilis
Davor hat jeder Schiss

Sogar bei den Hottentotten
sind diese nicht auszurotten
Einige Maläsen aber haben
Biss
wie z.B. ein Pferdegebiss
das sieht super aus
egal was aus dem Maul
kommt raus

Blutspiegel

Zuviel Cholesterin, PSA oder
Kalium
bringt einen meist noch
nicht um
wieweit sie aber dem Corpus
schaden
hängt oft am seidenen
Faden

Am besten man hat viel
Phosphor im Blut
dann explodiert man bei
großer Wut

Viren

Im Wartezimmer schwirren
oft die Viren
Manche gehen sogar auf
allen Vieren
Sie springen jeden an,
der sich nicht wehren kann
Man sollte aber Ruhe
generieren
Der Arzt wird bald auf die
Nieren stieren

Hormone

Ein kranker Greis wollte es
noch mal packen

und kräftig auf junge
Hühner hacken
Er lief herum wie ein Wilder
lachhaft waren diese Bilder
Leider gingen bei ihm die
Hormone flöten
Da war viel Trost vonnöten

Förderung

Am besten schluckst du
eifrig Pillen
wie noch nie
Damit pamperst du die
Pharmaindustrie
Sie reibt sich alle Hände und
erhöht die Dividende

Bewegung

Durchfall ist ein cooles Event

Man rennt und rennt und
rennt
Man wär zu allem bereit
würde man von diesem Übel
befreit
Hat man sich aber
ausgeschissen
Wird man vielleicht die
Bewegung vermissen

Liquidation
Ein Arzt verlangt nicht
einfach Knete
Er liquidiert - nichts was er
lieber täte

Internetkluge
Mancher Patient ist ein
Dr. Internet

Geht auf Surfreise und macht
sich weise
Die Ärzte finden das
überhaupt nicht nett
Sie wollen allein das
Richtige diktieren
Ein Klugscheisser geht ihnen
an die Nieren

Rezept

Vom Arzt erwartet man ein
Rezept
womit man sich zur Apotheke
schleppt
Leider verwesen ungenutzt
im Stillen
die meisten Pillen
die der Doc verschreibt oft
wider Willen

Über diese Launen sollte
man nicht staunen
denn vieles verpisst sich von
alleine
und zieht selbst rasch Leine

Gebiss

Wenn auch hier und da ein
Zipperlein
Bei Grufties muss das halt so
sein
Hauptsache das Gebiss hält
fest
beim Braten am heiligen
Weihnachtsfest

Liebe

Die Liebe lässt im Alter nach
Gottseidank, wenn einem
früher der Hafer stach
Aus Können wurde nun
Wollen
- das aber aus dem Vollen

Beipackzettel

Die meisten Beipackzettel
einer Arznei
bringen Frust herbei
Gern würde man ja auf
Pillen verzichten
und später dem Arzt was
anderes berichten
Die Nebenwirkungen
bedecken ganze Seiten
mit Unwägbarkeiten
Juristen werden hierüber nur
kichern
denn die Hersteller wollen
sich sichern
Beruhigt sollte sich der
Patient daher sagen:
Die Vorteile werden die
Nachteile überragen

Gliederzwacken

Olaf hat das Rheuma
gepackt
das in allen Gliedern zwackt
Er findet das beknackt
Wär er doch immun
könnte er mehr tun
Er könnte fleißig Runden
drehen
und nicht nach jedem Meter
stehen
Als Trost braucht er sich
nicht mehr viel zu bewegen
Vielleicht ist das auch ein
kleiner Segen

Zweifel

Was hält gesund und fit?
teilen Medien ständig mit

Man soll ständig daran
denken
folglich seinen Fokus darauf
lenken
100 Jahre isind zu schaffen
und kann dabei noch Tabak
paffen
Saufen ist empfehelnswert
wie uns jede Brauerei
belehrt
Ein Bierchen vor dem
Flimmerkasten
ist gesünder als zu fasten
Sport dagegen ist umstritten
bei Lahmen und den Fitten
Man kann die Knochen
dabei ruinieren
Das geht dann ganz schön
an die Nieren

Natürlich gibt es Opposition,
denn was weiß man Genaues
schon
Als Fazit bleibt zu
konstatieren:
Jeder hat sich selbst zu
moderieren

Bakterienkrieg

Schön ist es manchmal im
Bett zu liegen
Wenn sich die Bakterien
bekriegen
Hat das Toben es geschafft
und alle hingerafft
ist man wieder besser drauf
und steht dann auch gerne
auf

Vielfraß

Ein kranker Dickmops hat
sich mit schlechtem Gewissen
Immer um Kalorienbomben
gerissen
Nur kurz war er abstinent
wie ihn keiner kennt
Jetzt aber wieder möchte
der Vielfraß jeden großen
Bissen
nicht mehr missen

Zahnweh

Macht ein Zahn sehr große
Ping
steigt man beim Dentisten in
den Ring

der Bohrer summt dann in
hohen Tönen
aber nur zum eingewöhnen
Manchmal reicht eine kleine
Füllung
als komplette Loch-
umhüllung
ist der Zahn aber sehr
marode
greift die klassische Methode
Das Zähnchen wird vom
Gebiss befreit
nicht schlimm - es gibt
größeres Leid
Der Doc wird alles wieder
reparieren

und einen Kostenplan
generieren
Das ist nichts für den
„Hohlen Zahn"
Denn der Doc fährt Porsche
und nicht Straßenbahn

Andere Pillen

Sachen der Homöopathie
verschreibt der Arzt fast nie
Minikügelchen sind tabu
Sie helfen nicht im nu
Pillen mit kräftiger Substanz
sollen helfen - schnell und
ganz
Oft hört man aber Leute
sagen

über Erfolge könne man sich
nicht beklagen
Trotz hoher Verdünnung
und Potenzen
zeigen die Mittelchen
Konsequenzen
manche Streukügelchen sind
gut für den Magen
oder bei einem anderen
Unbehagen
Viele Doks muss dies
irritieren
aber man muss auch
Alternativen akzeptieren

VON HAUSE WEG

IM HOSPITAL ODER IN DER REHA

Befreit

Ein Krankenhaus ist kein
Freudenhaus
Aber man kommt meist doch
als Freier raus
Frei von Leid
mit neuem Schneid

Chirugen

Im OP-Raum herrscht
strenges Rauchverbot
Da sehen die Richtlinien
eindeutig rot
Auch ist Bier und Schnaps
untersagt
Das wäre einfach zu gewagt
Zwischendurch aber eine
Bulette oder eine Stulle
mit zartem Speck

steckt der Chirurg gern weg
Messer und Gabel
entsorgt er hinter einem
Nabel

Fieber

Schwester Inge misst Helmut
am linken Ohr sein Fieber
woanders wär ihm das viel
lieber

Vertauscht

Es wollte ein Mann eine
Klinik tüten
Und sagte, er hätte zu wenig
Lymphozyten
Alles war aufgebauscht
Das Blut war vertauscht
Jetzt müssen die Ärzte
darüber brüten

Reha

In die Reha geht man zur
Bilitation
Hier gilt ein strenger Ton
Statt ausgiebig und lang zu
pennen
muss man zu Anwendungen
rennen
schwänzen ist sehr schwer
sonst wären ja auch die
Räume leer
aber bald kann man über
Tisch und Bänke springen
und dabei ein Halleluja
singen

Gynäkologiestuhl

Als Mann kam Detlef in die
Gynäkologie

Dort war er bisher noch nie
Auf dem Untersuchungsstuhl
fühlte er sich supercool
er war ganz munter
und wollte nicht mehr runter

Schwestern

Selbst beim besten Willen
Kann man in einer Klinik
nicht chillen
Manche Schwestern sind von
sanftem Wesen
Andere dagegen ein kleiner
Besen
Mehr braucht man hier nicht
zu berichten
denn alles ist in
Fernsehsoaps zu sichten

Kurschatten

Der Schatten in der Kur
macht manche ganz
verrückt,
die drehen die Äuglein
ganz verzückt
Einige wollen vom Leben
noch etwas erhaschen
Gefühle aktivieren und sich
selbst überraschen
Ein Abenteuer für kurze Zeit
hat Reitz ohne Leid
cool ist es sich zu erlaben,
wenn die Hormone Frühling
haben
Aber: Nicht jeder Kuss ist ein
Genuss
und am Ende kommt der
Schluss!

Intensiv

Auf der Intensivstation
herrscht full power
die Sisters machen alles viel
genauer
die kümmern sich um
hundert Leiden
darob sind sie nicht zu
beneiden
Bei diesem selbstlosen
Treiben
möchte mancher länger
bleiben
Doch dieser Wunsch rasch
verpufft
ist man an der frischen Luft

Krankfeiern

Mike hatte zum Arbeiten
keine Lust
er hasste wie öfter schon den
Frust
da kam ihm der Gedanke
ich mach heut auf kranke
Beim Doktor wurde er leider
erkannt
als wiederholter Simulant
Seine vorgetäuschten
Schmerzen
gingen dem Arzt nicht zu
Herzen
Ohne Rezept und Attest
gab es für ihn kein
Blaumach-Fest
Der Besuch beim Arzt war
mithin

für die Katz
und er musste doch noch
malochen
- am Arbeitsplatz

Visite

Im Spital in Köln und auch
in Suhl
Kennt man den
Toilettenstuhl
Sitzt man drauf mit sich
zufrieden
wird die Laune jäh
vertrieben
Visite kommt mit Chefarzt
und seinen Lieben
Das ist Scheisse hoch sieben

Harter Job

Krankenschwestern haben
einen harten Job
Und leisten selten einen Flop
Auch Uncooles zwischen Kopf
und Zeh

wird bedient, wenn es tut
weh
Was täte man ohne deren
Tun ?
Flattern wie ein nervöses
Huhn

Vesuv

Im Mehrbettzimmer herrscht
eine strenge Pupsmoral
Für die Därme ist das eine
große Qual
Ab und zu öffnet sich pompös
ein Vesuv
Der höchstwillkommen
Erleichterung schuf

Pech

Manche OP geht auch mal
daneben
Nun - man muss auch nicht
am Leben kleben

Stimmung Reha

In der Reha laufen viele
traurige Gestalten
Die Fitness konnte sich hier
noch nicht entfalten
Manche igeln sich gern ein
Und lassen keine Stimmung
rein
Andere sind sehr mitteilsam
Und erzählen allen jeden
Kram
Keiner aber sollte verzagen,
denn alle träumen von bald
besseren Tagen

da können sie wieder über
die Stränge schlagen.

Besuch

Pflichtbesucher und
Verwandte
Vielleicht sogar die
Lieblingstante
sitzen oft breit und fett
am Krankenbett
alle wollen vor allen Dingen
Optimismus überbringen
Oft läge man lieber in Ruhe
weiter
und machte nicht auf heiter
Haben sich alle Besucher
empfohlen, Kann man sich
weiter erholen

Nachtschwester

Nachtschwester Ingrid
raubte vielen den Verstand
bei der Arztvisite regelte sich
aber der Stand

Liebling Rosa

Ein Dorfbulle war krank
vor Liebeskummer
Man ließ ihm nie eine
ruhige Nummer
Damit er nicht kurz mal
lahmt
wird er effizient entsamt
Es fehlt ihm aber das
lustvolle Muh
Von Lisa - seiner
Lieblingskuh

Amor

Wie ähnlich vom Ungeheuer
im Loch Ness bekannt
ist Amor in Kliniken meist
unbekannt
Für Liebe ist das Klima
denkbar schlecht
Tausend andere Dinge
fordern ihr Recht
Wilder Sex ist tabu
Jeder hörte dies im nu
Im Spital hat man sich zu
konzentrieren
und für die Gesundheit zu
motivieren
Ist man aus dem Haus
entlassen
kann man sich aber gehen
lassen

Die Pumpe

Das Herz ist der Motor von
jedermann
so lang es gut laufen kann
zeigt die Pumpe aber einen
Defekt
halten sich die Kräfte sehr
bedeckt
man fährt dann mit
gebremstem Schaum
und hat für vieles keinen
Raum
Manche können die Klappe
nicht halten
weil diese sich fehl verhalten
Profis müssen dann
reparieren,
an der Klappe manipulieren

und zum arbeiten
animieren
denn eine neue Klappe
ist nicht von Pappe

Haarausfall

Karl-Heinz verlor all sein
Haar,
das früher sehr üppig war.
Doch ist er recht eitel
und kämmt einen Scheitel
mit dem letzten verbliebenen
Paar

VERSE ÜBER DEN HUMOR AN SICH

Humor ist, wenn man
trotzdem lacht

Aller Humor fängt damit
an, dass man die eigene
Person nicht mehr ernst
nimmt.

Humor ist der Knopf, der
verhindert, dass uns der
Kragen platzt.

Humor ist keine Gabe des
Geistes, er ist eine Gabe des
Herzens.

Mit Humor kann man
Frauen am leichtesten
verführen, denn die

meisten Frauen lachen gerne, bevor sie anfangen zu küssen.

Humor ist ein stiller Helfer in allen Nöten, sogar in der Liebe, denn er schlägt die Augen nieder und sieht mit dem Herzen.

Humor ist eines der besten Kleidungsstücke, die man in Gesellschaft tragen kann.

Humor ist eine Art, die Wahrheit zu sehen.

Humor ist die Lust zum Lachen, wenn einem zum Heulen ist.

Die Einbildung tröstet die Menschen über das, was sie nicht sein können, und der Humor tröstet sie darüber hinweg, was sie wirklich sind.

Humor ist, wenn man über Dinge lacht, die eigentlich eher traurig sind.

WITZE

RUND UM DEN

LEIDIGEN

KORPUS

70

SCHLAFPROBLEM

„Mit dieser Medizin wird Ihr Schlafproblem gelöst und Sie können nun endlich wieder durchschlafen.", sagt optimistisch der Arzt zum Patienten. „Wie oft muss ich sie denn nehmen?"
„ Jede Stunde eine halbe und alle 2 Stunden eine ganze !"

ABFÜHRMITTEL

Der Apotheker wendet sich entsetzt an seine Mitarbeiterin: „ Sie haben gerade dem Kunden statt Hustensaft ein Abführmittel verkauft!" „Mag sein", sagt sie, „aber wenn er das einige mal genommen hat, traut er sich nicht mehr zu husten.

SPORTUNFALL

„Herr Doktor, sagen Sie mir die Wahrheit, so bitter sie auch sein mag! Wird mein Mann nach diesem schrecklichen Sportunfall je wieder die Mülltonne vors Haus stellen können?"

BERUHIGUNG

Ängstlich fragt ein Patient : „Herr Doktor, wird die Operation auch gut gelingen?" „Ich kann sie beruhigen", sagt der Dok,

„ich mache solche schon zum 39. mal einmal wird sie doch wohl gelingen." Machen sie sich also deswegen keinen Kopf.

ZAHNARZT

Bittet der Zahnarzt: „So jetzt sagen sie mal vernehmlich AAAAA und beissen die Zähne ganz fest zusammen!"

SIMULANT

Schwester zum Arzt in der Psychoklinik: „Herr Doktor, der Simulant aus Zimmer 42 ist gestorben.
Arzt. „Nun übertreibt er aber nun wirklich!"

OBDUKTION

Assistenzarzt Klingenschreck ist gut gelaunt und trifft auf dem Flur Oberarzt Meyer-Leidenfrust. „Wie ich sehe scheint wohl die Operation gut verlaufen zu sein" Er: „Wieso Operation?, Sie meinten wohl die Obduktion. Die ist einwandfrei verlaufen. Eine OP hätte sich erübrigt."

GESCHMACK

Meint der Patient zum Doktor: „Das Zäpfchen, das sie mir vorhin mitgegeben haben, hat furchtbar geschmeckt!" Der Doktor entsetzt: „Ja um Gottes Willen, haben Sie das etwa oral zugeführt?"
Der Patient: „Was hätte ich denn sonst damit machen sollen? In den Hintern stecken oder was?"

CHLOROFORM

Der angegraute Chefarzt ist als Casanova bekannt. Die Krankenschwester Luzie ist schon lange hinter ihm her. Eines Tages ergibt sich für sie eine günstige Gelegenheit. Sie ist mit ihrem Chef alleine. Sie himmelt ihn an und säuselt: „Was muss ich ihnen geben, damit ich Sie küssen und lieben kann?" „Chloroform, meine Liebe, Chloroform!"

TEURER DOKTOR

So Herr Meier. Die Untersuchung und das Rezept, das macht dann 100

Euro.

„Entschuldigung, Herr Doktor, ich bin leider schwerhörig. Sagten Sie 200 Euro?"

„Nicht doch, 300 Euro."

BLUTSAUGER

Stationsarzt zur Jungschwester: „Haben Sie Patient Nr. 18 das Blut abgenommen?"
„Ja, aber mehr als sechs Liter habe ich nicht aus ihm rausbekommen."

ZEUGHAUS

In der Frauenklinik erwischt der Chef seinen Assistenten mit einer Schwester.
Die Situation ist eindeutig. Sagt der Chef: „ Sie sind hier in einer Entbindungsanstalt, mein Lieber, nicht im Zeughaus!"

REIHENFOLGE

Im Wartezimmer der Entbindungsstation sitzen zwei Männer nervös und erwarten „Vollzugsmeldung" über die Geburt der Sprösslinge. Endlich kommt eine Schwester und geht strahlend auf einen von ihnen zu: „Herzlichen Glückwunsch, junger Vater, Sie haben einen Sohn bekommen!"
Darauf erhebt sich der andere und meint: „Entschuldigen Sie bitte, aber ich war vor ihm hier."

STERILISIERT

Ein stolzer Vater, der gerade den fünften Jungen bekommen hat, will seinen Neugeborenen sehen und stürzt in den Babysaal. „Raus hier" fährt ihn die Stationsschwester mit großer Sorge an. „Sie dürfen nicht rein, Sie sind nicht sterilisiert." Der Vater: „Da sagen Sie was!"

VATERFRAGE

Eine Blondine kriegt Zwillinge und weint ununterbrochen. Fragt die Schwester, warum sie so nah am Wasser gebaut ist. „Ich weiß nicht von wem das 2. ist!", antwortet verzweifelt die junge Mutter.

REZEPT

Ein Mann kommt in die Apotheke und verlangt 5 Gramm Arsen. „Haben Sie ein Rezept?" „Nein, aber ein Foto von meiner Frau!"

GEDÄCHTNISSTÖRUNG

Nachdem der Unfallarzt die Geschädigte, eine rüstige und noch attraktive Endsechzigerin, untersucht hat, diktiert er die Diagnose: „Knieverletzung, Hautabschürfungen,,

Prellungen an der rechten Schulter."

Er wendet sich zur Patientin: „Wie alt sind Sie?" In ihrer Eitelkeit schwindelt sie ein wenig: „Fünfzig, Herr Doktor!" Er diktiert weiter: ... und Gedächtnisstörungen mit zunehmender Demenz.

LEBENSFREUDE

Ein Mann beim Arzt: - Herr Doktor, ich möchte 100 Jahre alt werden und dabei gesund bleiben!
„Rauchen Sie? „Nein."
„Essen Sie übermäßig?"
„Nein."

Haben Sie ein aufwendiges Hobby?

„Nein"

„Trinken Sie?" „Nein."

„Haben Sie Frauengeschichten?" „Nein."

Arzt: „Jetzt sagen Sie mir mal, warum wollen Sie dann so alt werden?"

ARZTSUCHE

Früher ging man einfach zum Arzt, wenn man sich nicht wohl fühlte. Heute muss man wissen, warum man sich nicht wohl fühlt, sonst hat man keine Ahnung, was für einen Arzt man aufsuchen soll.

IN RUHE

„Ihr Puls, mein Herr, geht reichlich langsam „ sagt der Arzt besorgt. „Das macht nichts, Herr Doktor, ich habe reichlich Zeit."

WAHLERGEBNIS

Ein Mann kommt zum Arzt und möchte sich sterilisieren lassen. Dieser klärt ihn über den genauen Verlauf der Operation und die Folgen auf und fragt, ob er sich wirklich sicher sei:
„Haben Sie eingehend mit ihrer Familie darüber gesprochen?
„Ja, alle in der Familie haben abgestimmt. Das

Ergebnis war eindeutig:
14:6!"

TRÜBE SICHT

Ruft eine Frau besorgt beim
Augenarzt an:
„Bitte, Herr Doktor,
verschreiben Sie meinem
Mann keine Brille! Unsere
Ehe war bislang
ausgesprochen glücklich."

NICHTEXISTENZ

„ Guten Tag, Herr Doktor,
mein Problem ist, dass ich
ignoriert werde." Arzt: „
Der Nächste, bitte!

Frau Müller, Sie haben
eine sinusitis colonius
vulgaris mit
insuffizientem
logoterminus zweiten
Grades

Was bitte?

Ich habe mich klar
ausgedrückt, was soll ich
denn noch erklären ?? Sie
sind wohl kognitiv
suboptimal !

Arschus lochus blödus
Servus !!!

87

IRRTUM

Kommt ein Mann im weissen Kittel ins Krankenzimmer und fragt den Patienten:
„Wie groß sind Sie denn?"
Patient :"1 Meter 80, Herr Doktor."
Mann :" Entschuldigung, ich bin nicht der Doktor, sondern der beauftragte Sargschreiner."

MISSVERSTÄNDNIS

„Ich glaube, Sie bekommen eine kleine Angina", sagt der Arzt nach der Untersuchung der Patientin.
„O Gott, wie schrecklich", stöhnt die Frau, „ wie bringe

ich das nur meinem Mann bei! Wir haben doch schon fünf Töchter!"

FORTSCHRITT

Zwei ältere Damen unterhalten sich:
„Früher, als junges Mädchen, musste ich mich beim Arzt immer vollkommen ausziehen. Heute muss ich dagegen nur noch meine Zunge zeigen."
„Ja", meint die andere, "Es ist schon Wahnsinn, was die Medizin für Fortschritte macht!."

ABSTOTTERN

Zwei Patienten im Wartezimmer eines Urologen.. Fragt der ei9ne:

Erster: „Wa-wa-was h-h-haben - Sie-d-denn?"

Zweiter: „ Eine Prostata-Entzündung!"

Erster: „W-w-wie-mm-macht - s-sich-das b-bemerkbar?"

Zweiter: „ Ich pinkele so, wie Sie reden!"

ERFOLG

Zwei Stotterer bewerben sich bei einer Vertreterfirma, die die Bibel direkt an der Haustüre verkauft. Sie bekommen den Job sofort, wer sonst soll sowas auch schon machen? Der Chef gibt jedem 100 Bibeln mit und sagt:

„Die müssen innerhalb von zwei Wochen verkauft sein, strengt Euch an!"

Die Beiden ziehen los und treffen sich zwei Wochen später in der Firma wieder. Der Eine hat alle seine Bibeln verkauft, der andere nicht eine einzige. Da fragt der ohne verkaufte Bibel den Anderen stotternd:

„Sag mir mal, w… w… wie Du die alle ver.. ver… verkauft hast?"

Da sagt der Andere, ebenfalls stotternd:

„ I…Ich hhh…habe bei den Leu…Leu…Leuten geklingelt und sie ge…ge…gefragt, ob sie die B…, die B…., die Bibel kaufen wollen, oder ob ich´s ih…ih….ihnen vorlesen soll…"

VERGESSLICHKEIT

Ein soeben Operierter liegt wieder in seinem Zimmer und atmet auf:

„Überstanden!"

„Sagen Sie das nicht zu früh", meint sein Bettnachbar, „mich mussten sie ein zweites Mal aufschneiden, weil der Professor eine Pinzette in meinem Bauch vergessen hatte."

Da steckt die Oberschwester ihren Kopf zur Tür herein und fragt: „ Hat jemand die Brille vom Herrn Professor gesehen?"

STUHLPROBE

Kommt ein Mann mit einem riesigen, schweren Kochtopf in die Praxis. Sagt die Schwester:

„ Nee, junger Mann, das haben Sie jetzt aber falsch verstanden. Sie sollten Ihre Stuhlprobe IN zwei Wochen bringen und nicht VON zwei Wochen!"

ALKOHOL

Sagt der Arzt zum Patienten: "Leider kann ich die Ursache Ihrer Krankheit nicht finden, aber vielleicht liegt es am Alkohol."
"Gut", meint verständnisvoll der Patient, „dann komme ich wieder, wenn Sie nüchtern sind!"

RECHTZEITIG

"Sie sind gerade noch rechtzeitig zu mir gekommen!", sagt der Arzt. Besorgt fragt der Patient "Ist es denn wirklich so schlimm?"
Arzt: "Das nicht, aber einen Tag später und wären ihre Beschwerden von selbst weggewesen."

HOMO

Treffen sich zwei Patienten im Wartezimmer.. Sagt der eine: "Ojeh, geht es mir schlecht ..."
Der andere: "Was hast Du denn?" "Ich glaube, ich habe

Homo Sapiens ..." Macht nix,
habe ich auch mal gehabt,
das geht von alleine wieder
vorbei!"

VOLLES SORTIMENT
Fragt eine Frau aufgeregt
ihren: "Herr Doktor, ich habe
andauernd Kopfschmerzen,
Ohrensausen,
Rückenschmerzen,
Wadenkrämpfe,
Seitenstechen,
Augenflimmern, Husten,
Hexenschuss,
Schwindelanfälle und
Schüttelfrost ... was ist mit
mir bloß los?"
Schaut sie der Arzt ratlos an:

"Was soll Ihnen fehlen? Sie haben doch schon alles!"

REDEFREIHEIT
"Frau Doktor, mein Mann redet nachts soviel im Schlaf. Was kann ich dagegen tun?" - "Lassen Sie ihn mal tagsüber zu Wort kommen..."

NACHTRUHE
Die Krankenschwester versucht, gerade einen Patienten aufzuwecken. Fragt der Pfleger: "Was machen Sie denn da?" Die Schwester: "Ich muss ihn unbedingt wach kriegen, er hat vergessen

seine Schlaftabletten zu nehmen!"

STOTTERLEIDEN

Eine Mutter kommt mit ihrer kleinen Tochter zum Arzt. Der Arzt fragt: "Stottert Ihre Tochter immer so?"
"Nein", sagt Frau Meier, "nur wenn sie was sagen will!"

HORMONE

Patientin zum Arzt: "Mit den Hormonpillen scheinen Sie sich offensichtlich vergriffen zu haben!" - "Wieso?" - "Mein Mann strickt seit acht Tagen begeistert Pullover und ich muss mich mittlerweile rasieren."

ARZTLATEIN

Sitzen vier Ärzte beim Stammtisch.

Steht der Augenarzt auf und sagt: "Ich gehe jetzt. Man sieht sich".

Sagt der HNO-Artz:" Ich komm mit. Wir hören von einander".

Sagt der Urologe: "Ich glaub, ich verpiss mich auch".

Sagt der Frauenarzt: "Grüßt eure Frauen. Ich schau mal wieder rein".

ZEITPUNKT

"Herr Doktor, ich habe jeden Morgen um 7 Uhr Stuhlgang!" - "Ja, aber das ist doch sehr gut!" - "Aber ich steh doch erst um 8 auf!"

GEBURT

Fragt der Frauenarzt: "Möchten sie, dass ihr Mann bei der Geburt anwesend ist?" - "Nicht notwendig, er war ja auch bei der Zeugung nicht dabei."

URSACHE

Hubert wird ins Krankenhaus mit vielen Hämatomen eingeliefert. Die Schwester fragt: "Sind Sie verheiratet?"
Hubert: "Ja, aber die Verletzungen stammen vom Autounfall!"

SCHWÄTZERIN

Der Arzt bittet Faru Müller eindringlich: „Ihr Mann ist sehr krank. Er braucht absolute Ruhe und muss viel schlafen." „Genau das, Herr Doktor, sage ich ihm ständig mndestens hundertmal am Tag!"

BLUTDRUCK

Der Arzt misst einem Patienten gerade debn Blutdruck. Kopfschüttelnd sagt er zu ihm: „Entweder ist mein Blutdruckmesser im Eimer oder Sie sind tot.

SPORTFOLGEN

Frau Müller unterhält sich auf enem Gesundheitsseminar mit einer anderen Teilnehmerin: „Seit einem Jahr treibe ich intensiv Sport. Mein Mann sagt nun, ich sähe nicht mehr aus wie eine Frau mit 45, sondern wie ein Mann mit 35!"

ZUSTAND

Arzt: „Wie geht es Ihnen, wieder gut?"
Patient:"Gut nicht, aber besser!"
Arzt: "Ist doch gut, dass es Ihnen besser geht!"

Patient. "Aber besser wäre, wenn es mir gut ginge!"

GEDÄCHTNIS

Gert konmt in die Apotheke und verlangt eine Salbe. „Den Namen habe ich zwar vergessen, aber ich weiß noch ganz genau, dass sie Methylaminodimentholphen ylbiniac enthält!"

SAUWOHL

„Wie geht es Ihrem Mann, Frau Perers?"
„Super! Seit ihm der Arzt gesagt hat, er könne nie wieder arbeiten, fühlt er sich sauwohl!"

UMSONST

Holger liest in einer Todesanzeige den Satz „Alle ärztliche Hilfe war umsonst." Freudig springt er auf und ruft begeistert." Es gibt also noch selbstlose Ärzte.. Die Adresse muss ich haben."

INKONSEQUENT

Ein altes Ehepaar macht eine Kreuzfahrt im Mittelmeer. Sie sind erst zwei Tage an Bord, da fällt die Frau durch eine unglückliche Bewegung über Bord. Nach lautem Hilferuf versinkt sie. Kopfschüttelnd steht der Mann an der Reling.

„Inkonsequent, die Frauen",
sagt er zum
herbeigelaufenen Kapitän.
„Eigentlich wollte sie sich
verbrennen lassen".

EIERUHR

Opa ist gestorben. Er war im
Leben nicht gerade der
regsamste und saß meist vor
der Glotze. "Bestattung oder
Einäscherung", fragt der
Bestatter die Witwe.
"Verbrennung", erwidert sie ,
„und schicken Sie mir die
Asche ins Haus." Als die Urne
ankommt, schüttet sie den
Inhalt in eine riesige
Eieruhr und sagt mit

gewisser Genugtuung: „Jetzt, mein Lieber, wird gearbeitet!"

ZEITUNGSINFO:

„Wie auf der letzten Informationsveranstaltung für Zahnärzte festgestellt wurde, eignen sich die dritten Zähne in besonderer Weise, um damit ins Gras zu beißen."

KARTENSPIEL

Beim Frühstückstisch liest die Frau die Tidesanzeigen in der Zeitung. „Oh, mein Gott", entfährt es ihr, „dein Freund Peter ist gestorben."

„Unmöglich", sagr ertaunt der Mann, „wie sind doch heut aben zum Skatspielen versabredet." „nein, nein", beharrt sie, „Hier in der Anzeige steht ausdrücklcih „Statt KARTEN."

MELDUNG IN EINER LOKALZEITUNG:

„Peter Müller entzündete ein Streichholz, um nachzusehen, ob noch Benzin in seinem Tank war. Benzin war vorhanden. Alter 62 Jahre."

VERDREHTES

UND

UNGEREIMTES

113

Pfleger Axel kann zwar
nicht kochen, aber
dafür ist er im Sport
eine Null

■

Der Chirurg hatte bei
einer OP zwar keine
ruhige Hand
Dafür verband ihm mit
dem Friedhof ein
freundschaftliches Band

■

Der Arzt stellte zwar die
richtige Diagnose
Die Therapie ging aber
in die Hose

■

Der obere Blutdruck
zeigte zwar über
zweihundert
der untere sich hierüber
nur wundert

■

Der Arzt zwar besorgt
auf die schlechten
Blutwerte guckt,
Hauptsache aber die
Werte sind sauber
ausgedruckt

■

Es gibt Leute. die zwar
viel rauchen und
trinken
und trotzdem nicht alt
werden

Das Krankenhaus war zwar ein alter Kasten, aber dafür waren die Ärzte jung und unerfahren

■

Die Pillen waren zwar sehr teuer, aber dafür halfen sie auch nicht

■

Manche Leute haben eine starke Erkältung und sind trotzdem verschnupft

■

Gesunde Kinder dürfen schreien, aber nur nicht laut werden

Die Zeugung war zwar rasch vollzogen, dafür zog sich die Geburt aber lang hin

■

Lieber reich und gesund als arm und krank!

■

Hauptsache der Mann ist gesund und die Frau hat Arbeit.

■

Wie man sich fettet so riecht man.

■

Nadine war zwar hässlich, dafür hatte sie aber Haare auf den Zähnen

Monika hatte zwar
keinen Zucker,
war aber trotzdem sehr
süss

■

Bernd war zwar
kerngesund,
hatte aber mit seiner
Gesundheit trotzdem
keine Probleme

■

Jens schielte entsetzlich
Das fiel aber seiner Frau
im Schlaf nicht auf

■

Das Essen im Krankenhaus
war sehr schlecht. Leider gab
es davon nur wenig.

Geld spielte bei Hans keine
Rolle
- er hatte keins

■

Manfred kam trotz sehr
kleiner Rente
damit nicht aus

■

Bernd schluckte zwar viele
Tabketten, wurde aber
dennoch nicht krank

■

FRAGEN AN DEN DOKTOR

- BEVOR ER SIE RAUSSCHMEISST

121

„Ich habe aus dem Internet erfahren, dass ihre mir verschriebenen Medikamente garnicht so gut sein sollen."

■

„Geht meine Krankheit nicht evtl. von alleine weg, so dass ich nicht mehr kommen muss?"

■

„Ich habe mir viele Fragen über Medikamente aufgeschrieben"…. (nun in aller Ruhe einen Merkzettel hervorziehen). „Können sie mir bitte die Nebenwirkungen näher erläutern? Ganz besonders

habe ich fünf Fragen,
undzwar............"

■

„Verstehen sie als
ausländischer Arzt alles?"

■

„Würden Sie selbst die
Tabletten nehmen?"

■

„Haben sie eine Versicherung
gegen Behandlungsfehler?"

■

„Was halten Sie von einem
Heilpraktiker?"

■

„Können sie mir
garantieren, dass ihre
Diagnose richtig ist?

Wen kann ich zu einer
Zweitmeinung
hinzuziehen?"

■

„Was sagen die Leitlinien?"

■

„Sind Ihre Geräte eigentlich
auf dem neuesten Stand oder
soll ich ins Krankenhaus zur
Untersuchung gehen?"

■

Warum dauert bei Ihnen die
Sprechstunde bei jungen
Frauen länger als bei alten
Greisen?

■

„Zwei meiner Bekannten waren Patienten bei Ihnen und liegen nun auf dem Friedhof. Was haben Sie da falsch gemacht?"

■

Wann waren Sie bei der letzten Weiterbildung?

■

SEX

IN DER

KLINIK

127

Sorry

KLUGE

SPRÜCHE

ZUM VOR- UND

NACHDENKEN

sehr klug

130

Die gesündeste
Turnübung ist das
rechtzeitige Aufstehen
vom Esstisch.

Giorgio Pasetti

■

Tierärzte haben es
leichter. Die werden
wenigstens nicht durch
Äußerungen ihrer
Patienten irregeführt.

Louis Pasteur

■

In der einen Hälfte des
Lebens opfern wir unsere
Gesundheit, um Geld zu
erwerben. In der anderen
Hälfte opfern wir Geld, um

die Gesundheit
wiederzuerlangen.
Voltaire

■

Liebe ist von allen
Krankheiten noch die
gesündeste.
Euripides

■

Wer trinkt ohne Durst, wer
isst ohne Hunger, der stirbt
um so junger.
Martin Luther

■

Seien Sie vorsichtig bei
Gesundheitsbüchern: Ein
Druckfehler kann Ihr Tod
sein.
Mark Twain

Das Gefühl der Gesundheit
erwirbt man durch
Krankheit.

Georg Christoph Lichtenberg

Von einem Arzt kann man
nicht erwarten, dass er
Gesunde sympathisch findet.

Dem, welcher ein Bein
gebrochen hat,
kann man dadurch sein
Unglück doch erträglicher
machen, wenn man ihm
zeigt, dass es leicht hätte das
Genick treffen
können.

Kant

Die Kranken geben bei weitem nicht so viel Geld aus, um gesund, als die Gesunden, um krank zu werden.

■

Du sollst den Arzt nicht vor der Rechnung loben.

■

Süßigkeiten sind die Bausteine von Zahnarztvillen.

■

FRÜHER WAR ES BESSER?

KRANK IM MITTELALTER OHNE HUMOR

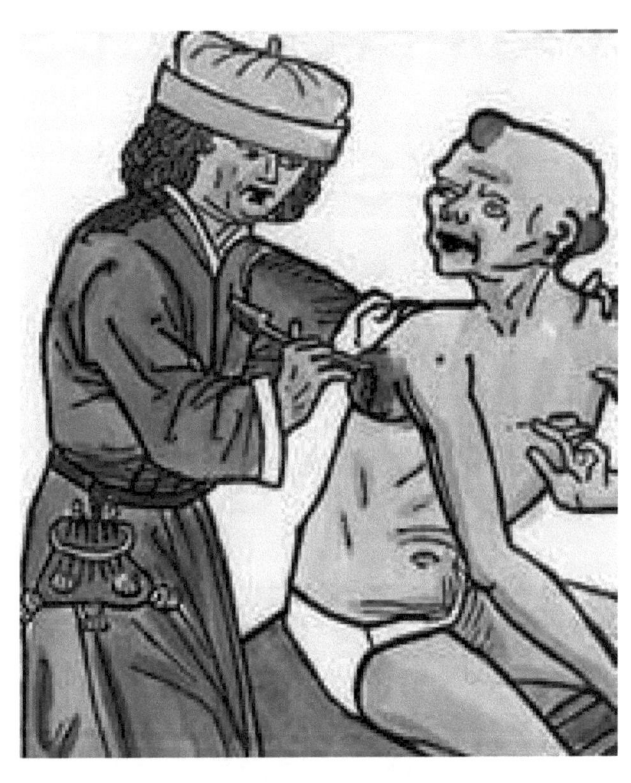

Kranke im Mittelalter hatten nichts zu lachen. Wir alle können froh sein, dass gegenwärtig Kranksein mit schonenderen Methoden kuriert werden kann.
Im Folgenden ist eine kleine Auswahl alter Heilkunst zusammen gestellt. Eine Nachahmung ist - auch wenn Sie Ihren Arzt darum bitten - nicht empfehlenswert!

Bei einer klaffenden Wunde nahm man ein Stück mit Wein getränktes Leinentuch und legte es auf darauf, dazu ein wenig Honig und das Eiweiß eines Gänseis. Das Pflaster ersetzte das Tuch und wurde unter Beschwörungsformeln verbunden.

Heiler verwandten zur Blutstillung Tupfer, die in die Wunde hineingepresst wurden, Nadeln zur Umstechung, Faden zur Unterbindung und ein Glüheisen zur Zerkochung der blutenden Gefäße..

Bei Amputationen wurde auch siedendes Öl genutzt. Als "Desinfektionsmittel" nahm man Wein und Terpentinöl oder Rosenwasser und zur Blutgerinnung

verklebende oder verätzende Substanzen wie z.B., Kupfervitriol und ungelöschten Kalk.
Gegen Entzündungen und Hautkrankheiten kamen vor allem Ätzmittel zur Anwendung (Wein, Salz, ungelöschter Kalk, Arsenik, Schwefel, Quecksilber).

Gegen Spulwürmer wurde Fenchelwasser getrunken, gegen Mehlwürmer eine Salbe aus zerstoßener Bleiglätte mit Essig und Rosenöl verwendet. Verrenkungen wurden mit martialischen Apparaturen wieder eingerenkt. Bei

Ausrenkung des Kniegelenks wurde man z.B. an den Füßen aufgehängt. Bei Knochenbrüchen wurden diese reponiert, d.h. in ihre ursprüngliche Stellung zurückgeschoben, mit einer Salbe bestrichen und mit Leintüchern umwickelt. Wegen der Schwellung gebrochener Glieder erfolgte eine Schienung erst am siebenten Tage. Bei Brüchen des Oberschenkels hielt man es für das

141

geringere Übel, wenn beide Oberschenkelknochen gleichzeitig gebrochen waren, da man davon ausging, dass sie nur unter Verkürzung der Extremität heilten.

Bei Herzbeschwerden gehörten zum Hilfsarsenal Muskat, Gold, Knochen des Herzens eines Hirsches oder Amber - zusammen mit Gottesfürchtigkeit. Sollte jemand Magenschmerzen oder Brechreiz haben, so versuchte man zu helfen z.B. durch Wermutwasser oder süßen, leichten Wein, Olivenöl und Butter.

Der Aderlaß war das beliebteste Heilmittel im Mittelalter.
Wenn jemand Blut erbrach, nahm man Aderlaß am Daumen der rechten Hand. Er half angeblich gegen allerlei Unwohlsein, so ziemlich alle Krankheiten und sogar gegen die gefürchtete Pest! Man hat viele Aderlaßvorschriften, worin genau beschrieben wird, wann man zur Ader lassen soll, wer in welchem Alter bei welchen Beschwerden wo zur Ader gelassen wird und was man bei Blutungen unternimmt.

üblich war, im Bade stehend bei gesunden Erwachsenen "so viel, als ein durstiger Mann an Wasser in einem Zuge trinken kann" zur Ader zu lassen, damit die schlechten Säfte von den guten geschieden werden. Frauen wurden bis ins hohe Alter und meist häufiger zur Ader lassen, da sie nach Aussage von Geistlichen „durch den Sündenfall belastet sind, wie sich alleine schon an der Notwendigkeit der monatlichen Reinigung zeigt. Man muss nur aufpassen, dass man spätestens damit aufhört,

wenn der Patient in
Ohnmacht fällt: "

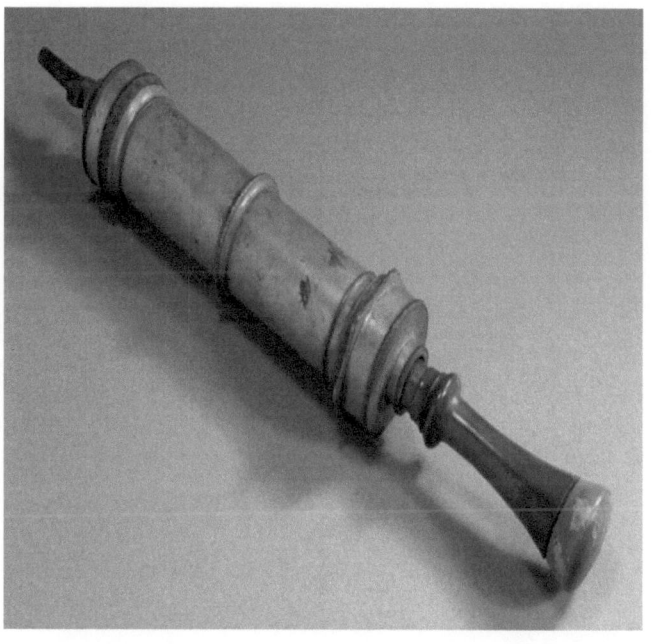

klistierspitze

VORSCHLÄGE ZUR VERBESSERUNG DES GESUNDHEITS-WESENS

Kostenerstattung

Wer 20 Jahre keinen Arztbesuch tätigt und damit die Krankenkassen entlastet, erhält 50% Zuschuss zu seinen Bestattungskosten.

Krankenschwester

Jeder Patient kann sich im Krankenhaus seine Krankenschwester für den Tag und die Nacht aussuchen.

Mehr Spaß beim Arzt

In den Wartezimmern werden Spielautomaten und Flipper aufgestellt. Ebenfalls ist freier Wilan-Zutritt möglich..

Verdienstmöglichkeit

An den Umsätzen der Ärzte könnten die Patienten beteiligt werden.
Bei Dauerpatienten kann die Beteiligung bis zu 100% ansteigen, so dass sich häufiger Besuch bei jedem Zipperlein lohnt.

Kostendämpfung

Es gibt zur Reduzierung der deutlich steigenden Ausgaben für Arzneien nur noch eine Einheitstablette. Diese mit dem Namen Placebouniversal ist preiswert und soll nach wissenschaftlichen Erkenntnissen entweder helfen oder nicht helfen. In letzterem Fall erfolgt ein kostenfreier Ersatz durch eine weitere Tablette. Diese ist aber wesentlich teurer, da ein höherer Preis bei vielen Patienten eine verbesserte Wirkung vermuten lässt.

Bringservice

Um die häusliche Versorgung im Krankheitsfall zu verbessern und eine rasche Bedarfsbefriedigung zu erreichen, werden Arztschnelldienste eingerichtet. Diese sind den Pizzadiensten angegliedert, so dass bei Arztbestellungen rasch eine Arztlieferung erfolgt.

Arbeitserleichterung

Um den Ärzten die aufwendige Erstellung von Krankschreibzungen zu ersparen, erhält jeder Arbeitnehmer Blankoformulare, indem er selbst seine Krankschreibung und Dauer tätigen kann. Die Höchstdauer ist allerdings auf nur 6 Monate gedeckelt. Das Formular kann per Mail an den Arbeitgeber verschickt werden.

Erstattungsausweitung

Der Begriff Arzneimittel wird erweitert. Nunmehr können zu Lasten der Krankenkassen auch folgende Leistungen

und Produkte verschrieben
werden:

☺ Bier (Gut für die Nieren)
☺ Fitnessstudio und
Massagestudios (Gut für
den Kreislauf)
☺ Kurzurlaub (Gut für
Psyche und zur Vermeidung
von Breakdown)
☺ Handy (Damit man von
überall Termine beim Arzt
verschieben oder den
Notarzt rufen kann)

Arztkosten

Ärzte werden nur bei
vollständiger Heilung
bezahlt. Wenn der Patient
im umgekehrten Fall die
Welt verlässt, muss der Arzt
für den Leichenschmaus und

die Bestattungskosten aufkommen.

Arztsuche

Um die schwierige Suche nach einem kompetenten Arzt zu erleichtern, werden im Handel spezielle „Arztwürfel" angeboten. Beim Würfeln und lautem Nennen eines Arztes zeigt das gewürfelte Ergebnis die Bewertung à la Schulnoten an. So wird vermieden, dass man an einen falschen Arzt gerät.

Beipackzettel

Die Beipackzettel bei Arzneimitteln sollten ersetzt

werden durch einen kleinen Zettel. Hier reicht der Satz: „Mindestens 1-10 Prozent haben die Einnahme überlebt."
Durch diese beruhigende Info werden Unsicherheitren der Benutzer vermieden, die durch die zahlreichen bisher üblichen Aufzählungen möglicher Komplikationen verunsichert sind.

Kosteneinsparung

Arztkosten könnten drastisch gesenkt werden durch stärkere Nutzung der Arzneimittelwerbung. Laut Informationen in den

Anzeigentexten der Apothekenrundschau und anderer lesefreundlicher Magazine können bei Anwendung der angepriesenen Mittelchen fast alle Leiden geheilt oder zumindst gebessert werden. Der Fokus liegt auf die hohe Zahl der Lreichtgäubigen..

155

Kampf gegen Humorlosigkeit

Nach Recherchen des IFS - Instituts für Sozialhumor kostet die Humorlosigkeit die Volkswirtschaft jedes Jahr 3,874 Mrd. Euro. Wesentliche Kostenbereiche sind die mangelnde Arbeitslust bei Arbeitnehmern. Diese leisten durch die Miesepetrigkeit der Vorgesetzten und Kollegen deutlich weniger als sie leisten könnten, weil die richtige Stimmung fehlt. Ebenfalls entstehen Kosten im Privatbereich. Die - verursacht durch humorlose Partner - steigenden Scheidungsraten führen zu hohen Anwaltskosten und Unterhaltszahlungen an Partner und Nachkommen.

Das IFS empfiehlt folgende Massnahmen, die von den Krankenkassen übernommen werden sollten:
- Freigabe von Lachgas in Apotheken
- Gehirnwäsche in einem Kölner Karnevalsverein
- Lachyogakurs
- Kur in renommiertem Badeort mit Kurschatten
- Pappnaspflicht im Büro

Kurse für Patienten

Um in den Wartezimmern den Andrang zu

entkrampfen, könnten einschlägige Spezialkurse in Volkshochschulen angeboten werden. Die „Hilfe zur Selbsthilfe" zu benennenden Kurse könnten z.B. folgende Themen abdecken:
- Wie baue ich im Gebiss eine neue Brücke?
- Wie senke ich erfolgreich einen gebrechlichen Alkoholspiegel
- Was tun bei Fressanfällen
- Dauergrinsen-Heilung durch Maulattacken
- Wie vermeide ich hohen Blutdruck im Liebesleben
- Wie bekomme ich mehr Rückgrat

HUMOR-NEWS AUS DER FORSCHUNG

Augenleiden

Durch innovative Nutzung von künstlischer Intelligenz ist es gelungen, dass man auf einem Augen auf Wunsch blind sein kann sowie sogar Sachen sieht, die es garnicht gibt.

Ohrenprobleme

Steuerungsmechanismen im Innenohrbereich können bald digital so aufbereitet werden, dass man nur noch das hören muss, was man will. Hiervon profitieren insbesondere auch Eheleute.

Altersstarrsinn

Gegen diese spezielle Starre hilft nach eingehenden Studien die Anwenung von wirkungsvollen Brechmitteln wie Kohlsuppe, Rattengift, Gurkenessig oder Hafergrütze.

Schlafstörung

Psychologen der Universität San Marino haben ermittelt, dass bei dieser millionenfach anzutreffenden Volkskrankheit die bewähteste Methode darin besteht, erst garnicht ins Bett zu gehen.

Umfrage

Eine Umfrage des Instituts für Angewandte Wellnessforschung brachte spektakuläre Erkenntnisse. 100% der Befragten sind der Meinung, dass man am liebsten gesund sein und die Krankenversicherung kostenlos sein sollte. Außerdem wünscht man den Ruhestandsbeginn auf 48 Jahre ohne Rentenreduzierung zu senken.

Da die meisten wegen der Gefahr des hohen Blutdrucks und möglicher Schlaganfälle

Stress reduzieren wollen, möchte man die Wochenarbeitszeit der Arbeitnehmer auf 28 Stunden reduziert sehen.

Die Verhandlungen mit den Arbeitgebern sollten nach Meinung von Experten so schnell wie möglich beginnen. Grund: Es bleiben wegen der befürchteten Firmenpleiten nur noch wenige Unternehmen im Markt bestehen.

Liebesschmerz

Diese Krankheit, die bei allen hormongesteuerten Personen auftreten kann, ist schwer zu heilen. Es empfiehlt sich Ablenkung, z.B. durch kalte Duschen. Flucht in eine Krankheit ist der neueste Hit. Akuter Sprachverlust kann z.B. eine Ex-Beziehung wieder heilen, da dann das vorher funktionierende lästige Mundwerk -sehr oft Ursache vieler Beziehungsstörungen - entsorgt ist und die Liebe wieder keimen kann.

Interessante Links

Die Im Folgenden als kleine Auswahl genannten Internetadressen befassen sich vorrangig mit dem Thema Humor.

www.spassfieber.de

Hier finden Sie lustige Bilder, Videos, Witze und können auch eigene Beiträge einbringen.

www.humorcase.com

Auf den umfangreichen Webseiten von Humorcare E.V. Deutschland-Österreich finden Sie eine Fülle von Beiträgen, die sich im weitesten Sinn mit Humor befassen. Gefördert wird auch die wissenschaftlich fundierte Anwendung von Humor in klinischen, psychosozialen, pädagogischen und beratenden Berufen.

www.psychosoziale-gesundheit.net/psychohygiene/lachen

Unter dem Titel „Lachen ist die beste Medizin" werden vor allem psychische Aspekte des Humors und Lachens behandelt. Bemerkenswert sind auch die umfangreichen und weiterführenden Buchhinweise.

www.humor.li.de

Präsentiert werden Witze, Filme und Bilder.

www.humorhilftheilen.de

HUMOR HILFT HEILEN ist eine Stiftung von Dr. Eckart v. Hirschhausen Die Webseiten befassen sich besonders mit Humor und Krankheit. Die Stiftung hilft, professionell ausgebildete Clowns in Kliniken und Pflegeheimen deutschlandweit zu etablieren und fördert das durch Unterstützung neuer und bestehender Organisationen. Dies schließt die Förderung und Fortbildung von Klinikclowns durch Seminare, Workshops, Supervision etc. ein. Es finden auch Humor-Schulungen für Ärzte und Pflegekräfte statt. Im Fokus steht auch die wissenschaftliche Erforschung des Lachens, in dem die Stiftung eigene Studien beauftragt oder fremde Studien begleitend unterstützt.

www.humorinstitut.de

Das Deutsche Institut für Humor hat es sich zur Aufgabe gemacht, Unternehmensthemen humorvoll zu bearbeiten und zu präsentieren. Dabei geht es

nicht um Schenkelklopfer und nicht nur um den schnellen Lacher. Der Fokus liegt auf eine passende Mischung aus Ernsthaftigkeit und Humor. In Seminaren und Vorträgen werden die wertschätzenden und verletzenden Seiten von Humor unter die Lupe genommen. Die Veranstaltungen des Instituts sind vom Seminar, über unterhaltsame Impulsvorträge bis zum Einzelcoaching für Mitarbeiter und Führungskräfte eines Unternehmens eine Motivation. Die Idee zum Projekt „Arzt mit Humor" ist im Herbst 2011 entstanden.
Die Webseiten enthalten zum Thema interessante Beiträge und Hinweise.

Eigene Notizen und Ideen zum Thema „Krank mit Humor"

Buchempfehlung

Heinz C. Pütz

Alt
mit
Humor

Originelle Verse,
Witze und Ideen

172